CAMPO ABIERTO

POEMAS SELECTOS

ROBERTO MASCARÓ

Campo Abierto ©
Copyright © Roberto Mascaró, 2013
Copyright © Editorial del Gabo, 2014
Colección Patechucho #1 / 2014
ISBN: 978-0-692-20670-6

Arte de cubierta exterior: © Alejandro Marré
Diagramación: Carlos Rosales
Corrección de texto: Rebeca Ávila Urdampilleta

Editorial del Gabo
San Salvador, El Salvador, Centro América
editorialdelgabo.blogspot.com • /editorialdelgabo

ROBERTO MASCARÓ

Estos asombros

Roberto Mascaró, a través de su obra, construye su propio puente entre dos culturas y nos brinda la ocasión de vivenciarlo con él. Es así como compartimos sus asombros, sus nevadas, sus campos, sus calles de Montevideo. Las geografías de su vida se entrecruzan dejando los intensos rastros que podemos seguir, página a página, en este grupo de poemas escogidos para el presente libro.

Dicha selección ha sido realizada sin seguir el criterio cronológico que por lo general constituye el hilo unitivo de los textos que conforman un volumen de este tipo, sino siguiendo la intuición poética de quienes, al hacerla, nos hemos identificado con el ritmo interior de estos asombros, que fuimos encontrando en los diferentes títulos del autor. De allí que su lectura refleje, como un espejo, la emoción personal que ellos han suscitado en nosotros y de allí también nuestra confianza en que su tensión espiritual y lo justo de su forma despertarán otros ecos en sus futuros lectores.

Y es que, además de evocarnos, mediante personalísimas imágenes, los paisajes interiores y exteriores de su experiencia vital, el poeta nos hace amar esos contextos tan diferentes en que le ha tocado ser.

No es de extrañar, pues, que su propuesta de encuentro se manifieste también en su fecunda actividad de altísimo traductor literario. Nosotros, como lectores, dispongámonos ahora a ir y venir de Norte a Sur gracias a este puente de palabras que él nos tiende.

Es el fundamento humano de esta extensa obra lo que podemos vislumbrar en las páginas de esta selección que ofrecemos hoy a los lectores de habla hispana para quienes Roberto Mascaró representa una tensa voz en nuestra lengua madre, a la vez que un puente inestimable hacia la poesía de Suecia.

Alexis Romero / Alfredo Herrera

ÁLAMOS, PLÁTANOS

¿Soy oscuro? Alguien venía cantando, alguien cantaba, a todo pulmón, por las veredas, buscando la alegría del canto porque él cantaba por una alegría que estuvo antes de que el canto creciera en su cabeza, en su corazón, en su páncreas, en su glúteo, su canto era algo histérico, venía, cantaba en las ramas, chorreaba su luz de canto en las hojas de los árboles de la ciudad cantando, cantaba, su cantar se esparcía en un radio de algunos metros, su canto mediocre, venía por los álamos lastimados, por los zaguanes donde los novios se dicen todo lo que quieren en el aire fresco y oscuro de la primavera o el otoño, venía cantando y sus pasos sonaban en las veredas hinchadas por las grandes raíces, venía por la noche y por mí, era una de las vidas, uno de los aires, una de las almas inmortales del fantasma, me cantaba, gemía entre las ramas frotándose, yo embobado escuchaba su canto, su placer en la noche, su goce, cantaba, yo (¿oscuro?) escuchaba el canto que yo mismo cantaba ntre los plátanos, el canto llegaba, llegó pasando cerca, cantando solo por una calle, en el silencio de la tarde oscura, cantando.

(Para Elías Uriarte)

DE HUMPREY

(padre)

qué triste el hombre que solitario se pasea
en la mano un vaso o una taza
qué triste si lo miras desde atrás
cuando él mira a través de una ventana
lluviosa un panorama que lo entristece

sin hablar se desplaza
tonto y ridículo cruza una habitación
como claustros antiguos o terrazas cretenses
si pudiese reír
solo y muy borracho
nos brindaría seguramente una función mientras fuma
la compañía del mundo

triste porque nadie
le puede mirar
sólo tú
que cruzando
tu habitación como la cubierta de un velero
fenicio lo ves en ese dormitorio fumando
viendo caer la lluvia de una ventana azul
pensando en la mujer
que como un pájaro de papel dejó
hace muy pocos instantes su vida

tú solamente sabes que su soledad sorprendida
-el suéter color borra de vino
los pantalones infinitamente anchos
poblados de grietas como las de
bajo sus ojos
sobre sus sienes-
es grande e inmedible como la lluvia
o las arrugas
que su estar allí es tan
ridículo como la nada
como una carcajada en un pozo
como los alces que se visten de trueno
y corren apareados por el bosque

sabes ahora que la soledad es como alguien
que viene desde una cerrada
lluviosa pieza
con suéter ajustado
con la mirada entre
desconcertada y lúcida
(como la escena en un televisor
para la penumbra
espesa que lo rodea)
y sabes que a ti
también alguien te ve
cruzar la habitación empapada
fría
llena de charcos que pisas sin inmutarte
taza o vaso en la mano
estúpida ciegamente hacia
la misma ventana sorda y muda

AIRES

yo no lloré pero
casi que aquella vez
cuando aquel hombre que barría la calle
-montevideo, verano-
me dijo que aprovechaba la fresca
para barrer

fue un aire que -cómo decirlo-
aire del paraíso
tocó mi cara y yo le respondí

la fresca es buena
buena es la fresca

después
escribí aquel poema
que le di a teresa –teresa
para siempre en el bar (de cuyo nombre
ya
no puedo
acordarme)

ALBA

La luz que más alumbra:
la que nace en tus hombros
aun en el alba más gris.

11 (CHATARRA/ CAMPOS)

"Hijo mío, el invierno nos trabó la lengua.
Lo que te habla es el vapor que sube
de nuestro cuerpo en esta tierra helada.

Yo soy, somos los que yacemos
infectando tu tierra que mañana
al llegar el calor, florecerá.
Somos nosotros que antes olvidamos
mirando las vitrinas con objetos,
vibrando nuestra lengua en el café.

Ya no podemos ni darte consejos;
el tiempo de las flores, para ti
tan valioso, ya para nosotros
no quiere decir nada.
Olvidamos el sabor de la fruta.
Archivamos costumbres
como la de tomarse de las manos,
como la de mirarse a los ojos.

No me mires así. No oigas este vapor
con ira, con desprecio. Ya verás
cuando tengas mis años. También yo
he sido joven.

Las espinas de escarcha nos impiden movernos.

Poco calor, poco humo me queda para hablarte.

Di algo, algo por lo menos".

PERROS EN LA EDAD DE LA RAZÓN

(Pinochet)

Negus,
Sultán,
Moro,
Otelo,
están sueltos en el campo esta noche,
ciegos babean entre
alambrados ruinosos,
restos de maquinaria:
no duermen.

Y nadie los perdona,
porque ellos
saben lo que hacen.

LEYENDA CHINA

Acompañado de raros y pocos libros, hay una fuente frutal al sol, un ejercicio de brillos, no apresurarse, no detenerse demasiado, no sea cosa que la estrella vaya a posarse en tu frente, hay un círculo de luz sobre el pasto húmedo, hay una esquina azul con zonas rojizas, malvas, un baño de inmersión llenándose, una guitarra que bebe, un ático, monedas, hay guantes de alto abrigo, canelones, besos mordidos, bailes con gran resonancia, zalemas, no pararse, no apurarse, gallinas azules vistiéndose, barras lejanas, cosas que sonríen a los navíos, vajillas, estrellas besando tu frente, pocos y raros libros que se abren ya leídos, hay encarnación de cueros y carnes posibles, maravedíes, canciones que se reiteran, no te apures, sin detenerse, un puente que ofrece su mole al cielo, estrellas a través del vidrio húmedo, baño reparador, señales de nuevas aventuras, cantos al aire, árboles genealógicos, hay palabras que seducen, pocos libros, idiomas duros pero cálidos, canciones o palabras, no detenerse demasiado, no apresurarse, la estrella que busca la frente, allí puede quedar posada.

(Para Julio Mascaró)

BAHÍA

Te cubre la bruma, el esmog, ya sé, no es una casualidad -¿qué es la belleza?-, atan tus garras a la gran garra acuática de los grandes puertos, grandes masas de revelación, enormes glaciares grises (no te distraigas), ninguna idea pero muchas ideas, lloro por vos, se empapa la almohada, por vos, es un pretexto, para la belleza que trota, galopa (no llores), qué es la belleza sino esto, chimeneas, prellanto, augurios, basura dispersa, andurriales del querer, fortaleza del alma, aprendemos (no grites), son demasiadas emociones, no puede sufrir sentimientos fuertes, está muerto (la bahía se tiñe), el agua sangra, pasiones sin nombre.

(Para Pincho Casanova)

EL INCENDIO

Ahora voy sencillamente incendiando, voy incendiando, colocando mechas hasta que el barrio entero empieza a licuarse. Los torrentes de agua vencida avanzan por las calles, los polígonos de hielo vienen flotando.

Inicio el incendio. Sólo mi fuego puede curar todos los males, sólo el fuego es puro y purifica. Arden las braguitas, los pantaloncitos, los deliciosos bluejeans recién lavaditos, los guantes mutilados, los sombreritos con la punta recortada, las medias caídas al descuido, las armaduras de cuero curtido, las granadas estallando, los miembros mutilados, las torturas, el culto a la personalidad, las dictaduras, las palabras dejadas precipitar. Todo arde, con una intensidad máxima. Enceguezco. Ya no veo lo que quemo, ya mis límites se van mostrando, ya las fronteras se van esfuminando, ya mis dolores me encierran en su cerco, ya mis placeres han alcanzado su límite, pero sigo quemando y quemando ypiromanizado.

Este cuento debería arder, para ser verídico, por sus cuatro costados. Como si fuese un centro lanzado desde la izquierda y cabeceado justo en medio del área chica, o mejor, desde aproximadamente el punto de penalty. Las palabras deberían quemarse, hollinando las fauces del back, para que aprenda, para que la próxima vez recuerde que no alcanza con protestar ante el fallo del referee o ante el grito de la chusma ensoberbecida, o dejarse caer ante el más mínimo roce del vello de la entrepierna del contrario...

EL INCENDIO AÉREO

Cuando alguien atraviesa el Campo de Fuego, es como si atravesase la Llanura de Sangre, como si el cuerpo se reinvirtiese hacia el Golem y el líquido huyese de lo sólido súbitamente, dejando el andamiaje intacto, el atanor íntegro en medio dela pradera.

Ya al otro lado, los miembros están como de más y yacen, cuelgan y no encuentran espacio en el aire inflamado, henchido de vapores invisibles.

En el Campo, lo sólido pierde médula y se agosta, está fuera de combate y la vista -que no los ojos- es la que refleja, en un silencio casi intolerable, el incendio aéreo.

LA CIUDAD PROMETIDA

Marchaba el tren como un caballero fino y decidido por el atardecer. Fue entonces cuando divisé el resplandor de la gran ciudad contra las nubes grisáceas. La electricidad de los focos teñía el horizonte de tonos amarillos, rojos, violáceos. El silencio de la Ciudad era grande y contenía el zumbido intermitente -limpias fricciones metálicas- del tren. Algunos pasajeros se movieron en sus asientos, conmovidos por la estática del aire. La Ciudad se percibía claramente a través de la brisa que destilaba humedad. Los pasajeros volvían sus ojos hacia la Ciudad sin mover las cabezas, conteniendo todo cambio de posición de sus cuerpos, como con miedo de que desapareciesen si hacían un giro brusco. Yo fumaba, de pie en el pasillo. La llovizna atravesaba mis ropas y se depositaba en los cristales de mis lentes. Yo pensaba este pensamiento y trataba de mantenerme pensando lo mismo durante los cuarenta minutos que faltaban para llegar al Corazón de la Gran Ciudad. A lo lejos humeaban las piras del Campo de Fuego, ayer incendio universal, hoy apacible recuerdo que alimenta nuestro quieto hogar. ¡De manera que es aquí donde viviremos, donde compartiremos-maravillosos-instantes, de manera que es aquí donde nos estaba esperando la vida apasionante y apasionada que comenzará apenas ponga el pie en el andén y nos encontremos!

LA PATRIA FINAL

He visto la ciudad donde viviremos dentro de muchos muchos años. He visto la plaza, que es un cuadrilátero muy pulido, resplandeciente. Vi la Plaza Irreal bajo un sol que de a ratos se ocultaba, receloso, tras nubes deshilachadas. La Plaza está rodeada de edificios escrupulosamente pulcros, construidos sistemáticamente en los cuatro lados del paralelepípedo de aire con elementos diversos que es la llamada Plaza en Sí. Ahora bien, esta masa de aire de relativa movilidad y provista de un microclima regulable con la ayuda de generadores autoabastecidos de energía biotransportada en todos los sentidos posibles, esta masa tiene diferentes tonos pastel según hacia donde dirija la vista el observador. Ver, aquí, es una-caricia-para-la-vista. No hay en los edificios tonos discordantes (antenas, chimeneas, líneas atrofiadas) y en las paredes, ni una sola mancha o falla. Parado en una esquina de la Plaza Irreal, yo veía las edificaciones y los proporcionados bancos que se hallan esparcidos estratégicamente. Yo sé que la Plaza está, durante algunas horas, totalmente vacía (apenas la surca una gaviota que recoge una de las invisibles migajas que quedaron del mercado de los jueves) y durante otras animadamente llena, hormigueante. Cuando yo la descubrí, disfrutaba de sus horas de apacible vaciedad. Allí detenido durante unos minutos, mientras esperaba mi transporte a otra ciudad, sentí una leve brisa que golpeaba mis mejillas y las mangas de mi camisa de verano. Segundos después, como si llegase reptando desde el otro lado de la Ciudad, es decir desde la zona de casitas familiares, cada una con su pequeño jardín en forma de Plaza Irreal, como si fuese un perro que extraviado y jadeante recorriese uno de esos inmuebles, encantadores e idénticos jardines, llegó a mi olfato, reptando por la superficie bruñida de la Plaza tu olor, tu Olor, y por esto supe que esa era y sería siempre Nuestra Ciudad, que en ese cuadrilátero resplandeciente haríamos en algún-día-venidero nuestras compras semanales, que por su Mercado caminaríamos tomados de la mano, seguidos de nuestros-encantadores-niños, que aquella era sin duda nuestra incólume Patria.

CAMPOS

El futuro es sin embargo un campo abierto
donde bailan milongas inesperadas,
donde alguien moja el suelo de tierra
"pa´ que no se levante polvadera".

El futuro es lo que está después de los pasos,
pasos con frío de un otoño riguroso,
pasos desnudos de un verano que asombra.
Las chatarras descansan en medio de este campo,
tiñen ligeramente el pasto nuevo,
persistiendo en una coloración rojiza
que es la de la vida y también la de la muerte.
(-Yo quiero morir conmigo-,
silbaba un joven de noventa años
mientras un viejo de veintiuno le retruca:
-Donde yo iba sentaba
mi fama de gigoló).

El futuro es un campo de algodón
infinito, manchado por las figuras de los hombres
que se inclinan bajo un sol abrasador.

El futuro es un tango que parece interminable
o que, interceptándose,
cada día canta mejor, como el
Mago.

(El futuro, los campos del futuro incluyen
glándulas porosas, de forma lanceolada
y unidas al tejido del presente por su base:
por eso decimos que el futuro está poblado de hipótesis).

El futuro es ahora, el instante
entre la vida y la muerte,
entre el trabajo y el descanso,
entre el amor y el aburrimiento,
entre la libertad y el golpe de culata en la nuca,
entre el llano florido y la montaña pedregosa,
entre la nada y el todo,
entre la nada y la pena
me quedo con la pena.

El futuro es también una silla que se apoya
contra un muro encalado,
en una callejuela de Beirut,
un hombre que parece dormido pero piensa,
piensa en lugares en los que nunca ha estado,
piensa en una higuera, piensa en su madre
amurallada tras los ladrillos de un nicho,
piensa en su propia vejez y hace de su pensamiento
un bálsamo o vertiente donde respirar a su modo.

El futuro es también una mujer inclinada
sobre un mate recién hecho, con yerba nueva,
que en el instante de ser cebado
acompañó la evolución de las meditaciones
de ocho afuerinos que han llegado hace poco al lugar
y pacientes esperan su turno
en la vuelta concéntrica del mate

-Siempre he tomado amargo,
pero a veces puedo gustar del dulce,
como los labios de mi china –
dijo alguno de ellos sin saber qué bondades
movía su lengua entumecida.
El futuro es una pampa, el futuro es una selva,

el futuro es un camión
al que se le ha terminado la bencina,
que se quedó sin gasolina,
al que hace falta nafta.
El futuro es una bicicleta sin pedales,
a la que hay que inventarle mecanismos,
gestos rituales que funcionan como un avión
que casi cae al mar, pero tan sólo casi.
Porque ese aeroplano levanta la nariz
en el último instante, y sigue,
desilusiona a los excitados espectadores.

("Tata, dice el señor gallina que tenemos que irnos".
"Dígale a ese señor emplumado que esta casa es nuestra,
que esta tierra es nuestra, y que de aquí
no nos moverán").
El futuro está en el ángulo de los escritorios bancarios,
tiene malas intenciones,
tratará de darte una buena paliza cuando salgas
borracho, alegre, lleno de despedidas contradictorias.

El futuro es un aire que te cubre
y te dice: "soy tuyo, soy tu amante,
soy tu paloma, tu junco, tu milonga,
vos sos mi cafisho predilecto, mi gigoló adorado,
yo me travisto y me prostituyo,
para que vos seas feliz
vos solito", el futuro
te engaña, te promete
una vida de rey en los desiertos
donde brotan la leche y la miel de los cactus
pero en realidad te da la espalda
al minuto siguiente y se acopla
con la primera o el primero que pasa.

El futuro siempre está ocupado
lavando sus aguas
en aguas del Leteo.

El futuro no tiene sexo, no tiene ideales, no tiene
partido, es indomeñable:
"cómo de entre mis manos te deslizas"
le dices tú, le decís vos
tristemente, viendo viejas maquinarias deshechas,
coches destruidos, máquinas de coser sin paraguas,
tristes murciélagos mecánicos
abandonados junto a las autopistas del (futuro).

El futuro es donde la falda acortinada de esta berlinesa
se encuentra con la cumbia
tocada en esa pizzería chilena.

El futuro es (dicen) el futuro del país.
El futuro (dicen que) es nuestro.
El futuro (mentan que) se presenta florido.
El futuro es de los que futurean.
El futuro es.

El futuro.

(Estocolmo, 1978)

2 (CHATARRA/ CAMPOS)

En los techos aparecieron goteras.
Goteras que las gorras, las boinas de vasco
no pueden anular. El agua pasa
y horada, quema, taja
cerebros.

En la cocina, en el baño,
y en el sillón donde
siempre nos sentábamos;

ya sólo estar de pie, ir de un lado a otro,
ya nunca más descanso,
ya nunca más confiar.

BAR "DEL CONTROL"

Podrían no estar.
El aire no pediría sus cuerpos
ni notaría su falta.
Lo mismo que no estar.

Flecos de ropa, carne
que cuelga, manos
que son raíces, árboles: podrían
ser vegetal, madera;
nadie lo notaría.

Rostros pasan. No miran.
El banco o bosque a veces
oscila levemente, uno de ellos
se mueve, inclina un poco más la cabeza.

Podrían no ser.
Nada si no estuvieran.
Como si fueran otra
cosa: objetos, trastos, trozos.

Nadie los mira. Pasan
y vuelven a pasar.
Presurosos, tranquilos, fumadores.
Nada si no estuvieran.
No veríamos huecos en el aire.

MANUSCRITO ENCONTRADO EN UN TAXI

"Y como caminaba por las calles del centro,
vi un señor en el piso que pedía,
otro rengo, harapiento, que insultaba a las niñas.
Ellas también pedían, y una,
tendría doce años, se prostituía.
Un mudo le hacía señas obscenas.
Ella estaba seria. Miraba solamente
al billete que el mudo le mostraba
en un pliegue del saco.
Había perros hambrientos, ahuyentados,
y mujeres en autos, con perlas en el cuello
y con la boca abierta.
Vi hombres de mirada perdida
parados en las puertas de cines.
Otros decían algo a mujeres apuradas.

Después, vi otra cosa:
hombres de un solo color
cuyos ojos y armas brillaban
en la calle sin luces.

Estaban silenciosos, esperando.
Se cubrían con ponchos, y mostraban
las manos: así pude saber
que eran hombres.
Después, oí un tumulto. Una sirena.
Gritos como no había oído nunca
mezclados al ruido de las armas.
Vi cuerpos tendidos,
alguien dijo que muertos.

Vaho y humo me cubrieron al entrar a un café.
Hombres me pidieron permiso, fuego, gracias.
En todos había algo de gelatina, de pasta.

A medianoche salí. Sólo los gatos
invadían, hambrientos, la avenida.
Ya no se veían hombres, armas, sangre.
Todo estaba en una calma
negra, gris, murmullante,
que no marcaba rumbos.
Atiné a correr por una calle oscura, y a subir
a un ómnibus sin luz, con dos personas.
Después, confusamente, me dormí hasta el destino.
Tuvo que despertarme, al alba, el guarda.

PANTALLA

(Ahora sabemos:
la materia gris
no es gris
sino blanca
y rosada
y se ubica
exactamente junto
al ángulo que forman
el frontal
y el parietal;
tiene forma cónica
y descansa
sobre el pasto raído del basural
junto al pelo del hombre que yace
y parece dormido
después
de una borrachera alegre).

TANGUITO

qué hacer si los rubios muchachos
-angelicales para alguna mitología-
se enfrentan a las máquinas
tragamonedas

qué hacer si yo mismo
con güisqui barato y cigarrillos
me entierro
a veces
de espaldas al sol

OH CIUDAD

I

la soledad de un tren
a medianoche

la comunicación (murmullo)
más corriente aquí
es el silencio

II

ciudad donde tengo que sentir
lo que otros sentirían

donde veo lo que otros
verían si estuviesen

III

ah ciudad
entre el cloqueo del finlandés
y el rasguño del árabe

aquí voy con mis huesos

hace ya
un poco de frío
huele a otoño detrás de vidrios húmedos
la larga caminata no nos miente
un verano que ya
huye:
el otoño nos toca ya los huesos
y hemos de aceptarlo:
las canciones de la radio lo anuncian
las medias largas de las muchachas
los libros apresurados y el olor
a humo en la nariz ávida
crean otro orden y tendremos
que caminar por esta estación desnuda

TEMPERATURAS II

noche adentro del lugar donde todavía no estamos
hoy desnudos de
                        no
desahuciados
muertos
    porque
la boca habla y se desangra la música
licua la nieve en silencio mientras
no
queda fuera del juego ningún brazo ninguna
boca deseada ningún niño o pierna o cárcel
o milonga o frontera
                    no se nos queda aquí
cosa ninguna punto o coma nadie
crea que la nieve se licua sin la música

Voy por esos campos sin fin.
Paso junto a un poeta mendicante.
(Va camino a su departamento).
Noto que va sin medias.
Sus zapatos son de cuero marrón.
Se humedecen en los pastos más altos.
No me conoce, ni lo reconozco.
Por eso,
nos perdemos el uno en las espaldas del otro.

Llegué a una esquina. (No había esquina).
Pensaba todavía en un pan reseco.
En la mujer que me sirvió media taza de café.
Ella fue quien me enseñó
el arte de la reconstrucción de cosas.
Es una noble actividad que se practica
en su lejano país de origen.
Consiste en mirar la cosa reconstruíble
sonriendo al interlocutor, diciendo por ejemplo:
"¿Ves esta rajadura? Allí hubo un árbol azul.
Y más abajo, donde se ve una mancha,
hubo unas hojas de álamo. ¿Las ves?
Con un pequeño esfuerzo de imaginación,
la cosa es nueva,
otra,
limpia".

ASOMBROS DE LA NIEVE

I

La sombra móvil de la nieve
sobre la –ya suelo–
nieve caída

II

avanza
despeinándose
remolineante
embudo líquido
espiral abriéndose
hacia
los costados del ómnibus en marcha

(los motores encienden todavía)

III

(en caída)

pájaros inmutables
–grajos, urracas–
se balancean
entre una casa y otra
entran y salen
del marco de la ventana

(llueve espuma rápida)

IV

(en caída vertical)

suspendida
silenciosa
blanca
nunca del todo
palpable
golpea a veces la ventana
tiernamente
violenta

(muerte, sin embargo)

V

(en caída casi vertical)

la tormenta
de espuma
avanza implacable
desde témpanos –nubes
hacia la lejanía
del suelo

VI

amiga de la noche
ártica
besa a su contrario
y muere

vino
para
que la
sobreviviésemos

VII

(iluminada)

Bajo la luz eléctrica o no,
el aguanieve es bella, Bella.
Tiene ojos pero sin pestañas
como los de la que quiero, Quiero.

VIII

(cayendo sobre hojas secas)

susurra
sobre hojas secas, rojas
casi
como
lluvia

CANSÓ

"señora:
su perfume aparece
en las estaciones terminales
en cocinas
coches a oscuras
en desconocidas
mejillas
en ruinosos
aeropuertos
y ciudades hace mucho queridas

señora:
me permito escribirle
sobre estas sensaciones olfativas
que atraviesan la lluvia
y deciden mi curso por la tierra

señora: su perfume
es ya una cuestión universal:
su espíritu es un enorme aereosol
que hace sonreír al caminante
a los pinos curvarse suavemente
y al amor que aparezca
como un perro jadeante"

INTERIOR VACÍO

I

dos pequeños triángulos
de agua semisucia
que dejaron los tacos de tus botas
al llegar
es
todo lo que me queda

II

si un poeta japonés
fuera yo
escribiría este jaicu:

dos triángulos de agua
sucia en el suelo
dejados por tus pies

MEMORIA

en la baja edad media
tuvimos ocho hijos

tú usabas un peinado
levemente alto
resplandecías en la semioscuridad
en silencio
y sin mirar al fuego

yo daba vueltas alrededor
de una mesa
entre libros compases y utensilios

yo estaba preocupado
tú no

ahora escribo los poemas
que entonces no escribí
porque no te miraba como ahora lo hago
hoy que no quemo las noches como entonces
cegado por la alquimia

ESTRATEGIAS DE VIAJANTE

I

Quien es pequeño comerciante debe usar como instrumento su sonri-
sa, y
hasta el propio cuerpo. El panadero debe saber sonreír, mirar expec-
tante y
adivinar el deseo del cliente antes de que (¿el panadero, el cliente o el
deseo?)
nazca. Esto cansa al pequeño comerciante, que aún no ha accedido a la
fachada industrial, tras la cual el aire acondicionado colorea suave-
mente las
alfombras adictas a la calma.
Tras la fachada de la fábrica (abstracta y concreta), en cambio, la sonri-
sa se
ha vuelto sintética y está impresa en los respaldos de los cómodos
sillones
vacíos, donde nadie se sienta por las noches, cuando el limpiador vacía
las
papeleras y huele las colillas de los habanos, el acre aroma de los
desodorantes
ambientales, el papel no usado: los entretelones de un paisaje ilumi-
nado
contra la oscuridad de los inviernos.

II

Quien es sicólogo debe cruzar grandes praderas con su coche, comiendo pastillas de eucalipto, creyendo siempre que la vida es cómica pero escuchando Mozart y estando preparado para que alguien detenga el casete o para que el paciente golpee la mesa hasta que la tabla se parta. Sin ser un marino más que en su mente, viaja lejos porque ha sido invitado a Congresos en los cuales todos hablan a la vez y donde nada nuevo es revelado. Pero, Congresos organizados para que un poema nazca en un cuarto de hotel.

III

Quien es músico de salón envidia al viajante de comercio que escucha Brahms en su coche bajo la lluvia siendo feliz sin quererlo, sin ser sicólogo en ese instante sino pescador que no saca nada aún usando mosca de plástico como carnada.

IV

Quien entra en un bosque al atardecer calla. El Bosque del Norte es un templo que devora de buen grado al paseante y lo libera sabio y como comprometidocon la Causa de los Bosques Nórdicos.

V

Quien ha sido atrapado por un poema no es cautivado por un poema sino por la vida que éste produce. Largas hileras de palabras que se pueblan de ecos sordos, de caídas misteriosas de ramas viejas. ¿Son acaso las palabras que no llegan a ningún oído, pasadas por el filtro de una provisoria verdad?

(Para Tomas Tranströmer)

CAMPO ABIERTO
(criptografía, injerto, coda, fuga: escrito en aire marino)

~~Para Paula~~

Entonces vi, me dije vives, te mueves, bailas, cuando bailas es como
si bailase lo otro que no es tú, algo nuevo nace, mientras levitas en la
luz, el aire muy tenso, definitiva, muerta,(¿por qué?), bailas y bailas,
m´hijita, espalda recta y gallarda de machito, el aire marino que entra
por una ventana, eso, bailas y bailas y bailas y bailas, espalda, espal-
das, costas, *bella*, pero como estropeado por una vida de disipación, le
silence, es hecho que estás definitivamente detenida, algo muerta y
descompuesta, *posando mis labios en el vello sedoso de la base de tu*
cuello, frenesí, magia, eso eso, microorganismos, sin cesar, para
siempre, mientras te miran, aún no maquillada por los mortuo-
rios,   todo el tiempo,   hombres de belleza deslumbrante, casi viva,
apenas entrando en la descomposición, tus besos al   viento
lanzados desde   las cuatro plataformas cardinales, perpetuo
cambio, eeeeeso, aunque nos miran, nos están mirando, *tu pelo casi*
rojo y casi negro, envaselinados, el viento marino, brisa marina, se
entretienen en comer a horas fijas, éxtasis eterno, y tu espalda,
morena casi rubia, *y tus pies indios*, éxtasis, renacuajos, españoles, el
aire podrido de olor de algas de la costa, clímax móvil, y tus ojos
abiertos como una poza azul en mitad del desierto, *destellos*, tu mirada
panorámica a la que digo kom in!, entra, nos miran otra vez, tus rodillas
redondas que me sostienen sobre tu espinazo delgado, inmóvil, *de una*
hermosura como resplandeciente, el chico, tus manos que trazan el
rumbo del sonido de la pista, brise marine, la pista en la que así es
como bailas y bailas, no hay apuro, así así, no me acuerdo, no recuer-
do bien, tu pelo color de vino antiguo, *carey*, azabache, no estoy
seguro, desde su yeso ético nos miran, nos señalan, pero bailas y
bailas, Jehová es mi pastor, desde sus fauces despiden un fuego fatuo,
te apoyas en mi pecho, sonríen, tienen muy ajustadas sus ropas a los
cuerpos, *toco tu pelo rojo que se desliza como la más fina seda pensable*
entre mis yemas,en su infancia consideraba orginal a su propia madre,
el tiempo apremia, se balancean levemente en sus sillines, *los antebra-*
zos blancos, la ajorca resplandeciente sobre la garganta desnuda, no

soy nada, pececillos, están muy pero muy acomodados los individuos, la tez del vientre, los muy señorones, **solía ser uruguayo**, sentados, pero bailas, despatarrados a medias sobre sus jumentos, sobre sus mementos poblados de murmurios, cadencias cuasi tropicales, murmurios de una noche de verano en que todas las estrellas estaban brillando sobre el mundo, allá en el firmamento, eeso, misterios de la telefonía con hilos y sin, pirita,en el espacio infinito, y bailas, bailando, en el espacio interestelar, en el insondable e interminable espacio cósmico, entrando la puntita, en el gran bigbang aéreo o no, exceso, gentes empaladas y felices, cubierto de efectivo lubricante, vertebrados, mamíferos, bípedos, en las grandes masas de materia inflamable y enfriable que rota indefinidamente, el andamio del cuerpo, bailando, tú bailas, tal vez para siempre e las dimensiones inconmensurables del inalcanzable espacio cósmico, como una escenografía cambiante, *entre las piernas*, la gargantilla noblemente heredada, en el espacio inaccesible e inenarrable e indescriptible, por él, *en el espacio,*el aire marino que golpea la cara, espacio, pero en realidad no me acuerdo, no lo recuerdo enteramente, sólo partes, sólo restos, rastros, fragmentos, esquirlas, barajas sopladas por el viento y esparcidas a la redonda, la coronilla, ese espacio que las contiene, sus ojos nos miran, chispas, puntas, el cerebro de un gato, virutas, ancestros inefables, aserrines de los siglos mojados por el orín infinito que llueve en el espacio cósmico, un guiso de cordero a la irlandesa, interestelar, mi odio al condenado trópico, seca benéficamente el sudor, cómico, "*frota mis pezones*", pistas, intercostal, el espacio infinito que hay entre una y otra clavícula, uno y otro riñón, una y otra vena, entre el bazo y el hígado, entre el páncreas y el timo, entre la tiroides y la hipófisis, grito natal, los restos naturales del conocimiento natural del hígado, de los nervios, la tibia y el peroné, la mandíbula y el duodeno, "*así*", entre el grueso y el colon,entre ellos, Colón llegando a La Española, una tarde de toros y los grumetes sueñan con indias bellas como jirafas tendidas levemente, están calientes, el capitán da la señal y ponen todos pie en tierra, de niño temía por los riesgos pertinentes del oficio de su padre, inserto, injerto, es de día y el sol rota fijo en su órbita, la tierra gira inmóvil bajo los aretes de las danzantes, el cañón interrumpe abruptamente la fiesta de las pieles en movimiento, están con un afrecho, bailas, el choclo, las madonas se cimbrean, alelados de vida pasan por un tratamiento de entretenimientos compuesto de sucesivos e interminables estados intermedios, éternel, muchacho esbelto, alto tatuado, *el cabello como seda,* esa especie de   frescura, guatitas, nunca seré nada, vuelan hacia sus casas, aumenta la franela intempes- tiva, hazte visible, van desde sus casas, desde sus moradas protocola- res, delirio, siempre dispuesto el condón, digamos, a escondidas, a regañadientes, a hurtadillas, *(¿resolveré la ecuación?)*, raquítico, el ano del mosquito, antibursátil, nono, apolítico, yermo acaso, desentendido a veces, *(¿qué decir?)*, benéfico, antracita,nato, déjate llevar por Ströget hacia el mar, el occipucio, almidonado y compuesto, babieca en ocasiones, como esculpido en alabastro, atildado, como el caballo de Atila, el blanco, *te entregas plegada,* el blanco en el vacío, el salto en el blanco del vacío, el trabajo en el blanco del vacío del   salto del trabajo,   juegos variados,   volteretas circenses, baratas tropicaladas, saltando, un alegre salto, sólo la punta, saladamente, hacia todas partes, la magia allí, *el olor marino nocturno y fresco,* por todas las praderas del espacio vacío, una delicadísima ave marina, del espacio entre los elementos del vacío, el soroche, la puna ardiendo en el estómago,el espacio entre el estómago y la caída en el vacío del espacio etre una y otra montaña, tú bailas, un poquitito, ese espacio, la calentura, fuman yerbas, son mala gente, fervor, hervor, ardor, clamor, dolor, escozor, picor, resplandor, hedor, temblor, temblor, ¿dónde está?, un muslo blanco como semen, ¿cuándo, cómo?, ¿de qué tipo?, solem- nidad, ¿de qué porte?, gallardía, *(¿qué ecuación?)*, apunamiento, como semen, pachamama, tus ojos de jirafa sentimental y pura, lleva consigo   una tremenda pistola, bailando, grandes fincas sólidas con sus vergeles intrincados y gatos a discreción, agonía, la luna sobre las estribaciones, las faldas que giran con el impulso eléctrico, como mármol eterno, tu procedimiento me hizo padecer, las chochas, un payaso real un clown auténtico, el comienzo de la entrepierna, la cara, el pez volador, el espacio entre el calzón y el pelo púbico, el roce, vas bailando, la fresca del mar, quién, el escozor, el temblor, el fósil, *el tacto*, el masaje, la persistencia, la frotación, el beso allí, la ropa ceñida sobre el cuerpo, el caballo que pifia, aunque un poco gastado por la droga, por la mentira, algo falta, escarcea, bufa, caracolea, cabalgar, ser cabalgado, una buena cazuela de mondongo, huir antes, volver, desaparecer, acechar el instante, exclusivamente el glande en los labios de la vulva, de ces espaces, entrar, salir, la cabeza en la boca, salir, el cobre, el plutonio, el cuarzo, entrar, ser la entrada y la salida, ser la salida, el pito, el petardo, el porro, ser la entrada, contener, ser contenido, *frotamos nuestras lenguas con frenesí*, hambre, metiendo la nariz en el monte, cual moldeada en greda, permanecer, ser permane- cido, el plomo, mas no pienses en ella, el uranio, en el amplio espacio exterior, el espacio interestelar, el espacio inmutable, el espacio interminable, el espacio entre el clítoris y el labio, entre la lengua y el prepucio, el glande y la vulva, el basalto, el fuerte olor a mariscos podridos, el miembro, en fin, hurgando intensamente, perdón, me contengo, soy contenido, no lo llames no estará, me cuido, rasgo el condón, el espacio entre el látex y el pene, entre Venus y Saturno, en tu monólogo interior, la turmalina, entre el dedo y el gatillo, arrojado a un rincón, entre el sol y la luna, aunque si dejasen las estrellas de brillar, en todo el firmamento no tendrías, el topacio, otro rumbo que el de este palpitar, *(¿morfina acaso?)*, la lengua en el anillo del ano, en el gran cosmos de los cosmonautas, entre el sudor de la palma de la mano y el mango del cuchillo, *dedicado a moluscos o pescados extingui- dos,* la esmeralda, *en la pieza de hotel,* el gran espacio de los astronau- tas, la mariposa rauda pasa, el aguamarina, la goma mágica, ser el hijo de un aviador, no puedo querer ser nada, por doquier en nuestros benditos valles, masajeando el infinito en proporciones grandiosas, tus labios entreabiertos, con carcajadas de vida disipada en las naves veloces, el calor agobiante, la Pinta, la Niña, volátiles, en tu monóto- no interior, ansias   profundas de robar, el rabo, el culo, el poto, el orto, los labios de la vulva, *te hablo en voz muy baja, altramuz,* ojete,fertilidad inenarrable, tizne, tábano, terraza, tintorería, tinajas, tiras, trinchetas, tretas, terrajerías, tramontana, la certeza del mar que murmura en la cercanía, soberano vibrador bicéfalo, trémulo temblor, la uretra, ardor, sopor, vuelve a tu monóculo, escozor, ardor, *arder en el espacio,* en el infinito espacio en rotación, testigo de esa noche de placeres, qué más da, entre rumor de besos y de trémulas alas con su murmullo aterciopelado, las trompas, en derredor, drogas potentes, el olor a podrido de las plantas marinas, silencio de la nave lunar, el monóculo interior, de los crustáceos descompuestos, de los muertos y despedazados lobos marinos que yacen en la arena, el sonido del mar contra los peñascos, pistola, jugaban a los dardos, porongo, se amasijaban frente a todo el mundo, guaranga, pinga, paquete, pieza, pendorcho, diuca, el nardo, la zorra, el choro, sed, la concha, la cotorra, la cajeta, los pendejos que unen nuestros valles, tetas de goma sublimes, *nuestros monte bravos de espinillos y talas y coronillas y arau-carias,* piensa en ella, los huevos, nuestros gallardos hombres que van en busca de un destino glorioso, todo muy promiscuo, fantásticos consejos de Jesús, haré de vosotros, el huevo de Colón, goetita, revolcándose sobre la alfombra cachondos, haré de ustedes falanges perfectas marchando hacia la luz, no lo vemos pero sabemos que está, embebidos en aire universal, espagetis descompuestos, general, piensa, teniente, teniente coronel, cabo, venid a ver los hombres que vinieron del cielo, aire tenso del verano claro, fresco, cálido, el corneta, lapislázuli, turba de turbas, sargento, suboficial mayor, almirante, no trabajan las focas, las gaviotas, *"dormir contigo",* grumete, clase, recluta, haré de vuestra clase, cada obrero, mirad los lirios del campo, el más pequeño y mísero recluta tendrá la mentalidad de un empresa-rio japonés, mi colección escrupulosamente completa, la más pequeña de las células masajeadas, no habrá descanso, tañen ahora las tres campanas juntas, la Santamaría, nunca al unísono, el tambor mayor, nunca encontrándose, los tonos se persiguen, se superpone el eco, una presencia eterna, un punto de contacto con el todo, pero nunca se encuentran, *sales de la ducha,* verdaderos hombres de negocios, el silencio sonriente de Juan, ansias, desencontrados, desentendidos, el abanderado, desatendidos, desamarrados, cada uno de vosotros será un ascua de luz, épica sin patria, sin sangre, sin desgracia, en ella que baila, como la campanada final que humildemente deja su breve latido en el aire tenso del verano claro, fresco, cálido, enormes multitudes, populacheros, vómito general, amplio, negra mía, la idea monstruosa de la tortura, la idea monstruosa de matar, y dormir dulcemente a tu lado, la idea monstruosa de morir sin necesidad, tan lejano, las ideas monstruosas desperdigadas por los balcanes,todo el aire ardiendo sobre las cabezas, *(¿nada me faltará?)*, los injertos de las noticias y de las recetas de cocina, anclao en el arrabal amargo, la ducha marina, el eco desde aquí inaudible, infinis, el hedor de la muerte planeando sobre todo, el aire podrido que se desintegra, el inescrutable Hans, *"mi nega"*, la colocación mental de los mártires, ahora que no estás, rendido a sus pies, el fratricidio, en él crees, el odio como pan matinal, los niños todos del mundo, el mundo girando en el espacio interestelar, aparte de eso, universal, zodiacal, el espacio, la gran cancha de pelota de Dios, el frontón colosal que no tiene fin, negra mía, el resonar del microcosmos en el macrocosmos, ónix,las ideas empujadas en los cerebros de niños ignorantes, supremo masaje, la medida del hombre, todas la cosas, las todas cosas del hombre son su medida, inocentes, y ahora estás moviéndote, ahora, ahora, el mito de que el mundo es sólo cuestión nuestra, siempre, bailando, quise lamer tu sexo, bailando, el Páramo de Harina se unió a la Panamericana, exhibiendo su obscena belleza, quien se atreviese a hacer el más pequeño daño, *"quiero que sea lindo"*, en mangas de chaleco, fueron muy felices, tuvieron matices, y se resignaron, el supremo masaje de los dioses, aleladamente malditos sean mil veces los uniformes camuflados, no tiene remedio, decía la Interbalnearia, un terrible abandono que ya nada repara, moviendo el esqueleto, las sonrisas de los pinochetes, el monstruoso reino animal, triste, la testa inclinada, *entro en tu concha divina*, la horrible herida abriéndose, allí, belleza monstruosa de las especies monstruosas del reino, unos bíceps bien formados, la triste repartija del amargo botín, los aberrantes, bellos aromas de todas las flores de la creación, el estallido del bing que bang, los exquisitos pies descalzos que la espuma cubre por unos instantes, *el rostro oval*, hilillo de sudor corriendo frío ya entre nalgas, una chica con demasiados problemas, el cerebro electrónico, ***suele ser sueco,*** miembros mutilados, la elegida muerte necesaria, los chongos paseándose por la avenida, encienden cigarrillos, negrita, juegan pinball, los lobos de mar haraganeando al sol, se perfuman, se lleva la mano a la entrepierna húmeda, virtual-

mente una chiquilla complicada, magnetismos, el mentón bien
dibujado, visión de las imponentes instalaciones, un ano contráctil
desplazándose por ahí, te agarra de las bolas, potito de caucho mío, un
poco desencajada, bang-bing, bing-bong,azabache,bung-bung,
buuuuuuung, llora frente a las cámaras, "mi heroína", en tu soledad
infinita,floto liviano en el aire densísimo, las deliciosas piernas
bronceadas, algo peladillas, me hundo en las tinieblas más espesas,
soledad irremediable, rugiendo te fecundo, dejame ser tu héroe, los
ojos tan muertos como los del forense, bing, amargado, mundo que se
descuartiza entero, el campo respirando en el espacio infinito, el pito,
la sobrevivencia, m´effraie, miran, las tumbas alineadas, desde allí
habla, esperando el paraíso, bang, la aniquilación y el amor, tu cayado,
la sensación de irrealidad, este duro oficio, *nada te faltará*, desde ese
preciso límite, miran mientras bailas y bailas,

                                                       aparte, o junto a
todo, el humano se arrastra por la tierra, su gusano es su sombra que
lo persigue en el día más nublado, hombre o mujer, animal erguido
por gracia del destino, por la arbitraria selección natural resultado
del enfriamiento de las colosales masas de materia que locamente se
desplazan por los espacios inconmensurables, y sin embargo necia-
mente se reserva el derecho a matar, el derecho a morir, *llora llora
Urutaú*, soberbiamente se desplazan las falanges de hombres sobre
las planicies fantasmales iluminadas por lunas oscuras, repitiendo
sus siniestros planes a niños ignorantes, expósitos, de dudoso origen,
sobre sus falanges cree sostener y con ellas cree manipular el universo
conocido, ahora mismo, **Paysandú**, sin embargo los hombres cenan
solos bajo el mismo cielo incendiado,y se relamen por el placer que
les causan los frutos de la tierra conocida, y se lamentan por el dolor
que les inflige la realidad, que es la que ellos conocen y dominan con
ayuda de sus ciencias milenarias, **Urunday,** y entre ellos se descuar-

tizan y castigan, como si la maldición de estar vivo no fuese de este mismo modo la inconmensurable alegría de respirar bajo las nubes deshilachadas, **Artigas**, que lentamente se jironean de lluvia, **Ancud**, bebiendo solitario,que otra vez subirá -vapor ya- hacia las nubes, el hombre digital, la bestia análoga, hacia los interminables castillos de las nubes, cumulus nimbus calvus, cumulus castellatus, cirrus stratus, **Lautaro**, allí la electricidad destroza de vez en vez una frágil aeronave cuya tripulación sucumbe sin remedio, sin paracaídas,solos gotean los pilotos y las correspondientes azafatas sobre los trigales, Rímini, los turistas de los autobuses los ven derramarse y los confunden con pájaros acuáticos a lo lejos, **Tomelilla**, sobre los lagos de Suecia, **Aiguá**, el hombre, mi juventud montó potro sin freno, hombre que bebe solo, ese animal elocuente, versátil, **Erasmo**, desprendido, en la punta de un ombú, altruísta, torturador, blasfemo, fatricida, EL AVION ES UNA PLUMA AL VIENTO, arrojadizo, **Grimaldi**, confundidos, mecánico, porque algún día se va a abrir esta trampa mortal, mirad los lirios, Ontario, EN EL INTERIOR DE UN CUMULUS NIMBUS CALVUS, mirad al que yace en un lecho plano conectado a aparatos, mirad al que vive sentado en una silla, soplando en un tubo órdenes a máquinas, mirad, mirad sus sonrisas, su esperanza que nace en el corazón de vez en vez, ALGUNOS PIENSAN EN DIOS, de primavera en verano, la frente inclinada hacia la tierra, la amargura de las horas sin ella, tengo en mí, la vaciedad del mundo que acaba cuando aparece, cuando suena el teléfono, cuando ella baila livianísima y mirada por todos los presentes, escuchad a los que cantan su pena y su alegría en la tierra, la desesperanza derrotada, la guerra derrotada huyendo por sus propios inmundos campos de batalla, **Tres Árboles**, los monstruosos engendros que se combaten, la ira en los corazones como una espina venenosa, **Trigales Abrasados**, los niños y los animales y las plantas y los microbios y cada molécula y cada átomo expuestos a las mismas respuestas necias, **Toreros Andaluces**, a los mismos impulsos glotones y pretenciosos, los anillos de diamantes, el malvavisco como emoliente doliente, las limusinas relucientes, y harto, los tapados de armiño, se llora cuando se nace, los palacios lujosos, la servidumbre, los servicios, TÚ MIRA LA LUZ FILTRÁNDOSE ENTRE LOS CASTILLOS DE LAS NUBES, escuchad el canto del negro ciego, el servilismo, la sobrebia de los poderosos, la ambición desmedida, incomprensible, que deja estupefacto al menos inteligente, las diferencias de coeficiente intelectual, las diferencias de sensibilidad poética, para que no haya dudas, MIRA LA LUZ LAS CAPAS DE LUZ TRASLÚCIDA, las diferencias de ingreso, de egreso, de gasto público, de obligaciones del tesoro, el índice Dow Jones, de la marcha de los negocios, de la balanza comercial, QUE FESTEJAN, del producto bruto interno, del bruto producto interno, harto, LOS RAYOS, del producto del bruto del interno, de las internaciones, de las curas de sueño, las lobotomías inmateriales, los trucos de la impotencia institucionalizada, NI MADONNA EN TODA SU GLORIA SE VISTIÓ JAMÁS COMO UNA SOLA GOTA DE ROCÍO DEL CIELO, las tristezas del mundo, madre ida sin dejar otro mensaje que un mechón de su cabello adherido al piso de la cocina que aún huele a gas, padre ido en medio del frenesí sexual, LEVANTA LA VISTA HACIA LOS ESPACIOS INCONMENSURABLES, el silencio, tu avión detenido sobre la meseta, de los jóvenes-viejos,la sonrisa de Lucía, de Mariángeles, cada vez que la luz toca sus corazones, la decisión de esperar activamente un fruto tras el otro, sin desesperación, sin raptos de urgencia, MIRAD, muchachas únicas, ATRÉVETE A CREER, la maravillosa alegría de Adrián, esta es la tierra que nadie os prometió y que os ha sido dada por sorpresa, entonces me di cuenta, os amo con toda el alma, Raúl imprevisible y negador del tiempo, regalo inesperado, las palabras entrando al campo de fuego, todo puede pasar, Uruguay jugará la semifinal contra Colombia, *"yo también he llorado"*, ES EL CRISTO QUE TE LLAMA, los viejos-jóvenes, si Brasil gana frente a EEUU (esto no está tan claro como podría pensarse, y quienes lean estas palabras dentro de un siglo habrán visto muchas veces a la selección de EEUU salir, única, triunfadora de gallardas gestas), el tiempo que todo lo devora, NO DUDES, Uruguay tiene que alinear con Rabajda en el arco (no estoy seguro de que así sea), NO TE ABANDONARÉ, incendio de pinares en el vello de tu nuca, muerte, madre de la belleza, Bengoechea tiene que estar jugando, por supuesto, *más única que otras que son únicas*, NI AL RAYAR EL DÍA, Enzo y Ruben Sosa no pueden faltar, y adelante y a la izquierda hay que poner a Poyet, a mí Fonseca no me convence, aunque como dice Gustavo (él es hincha de

Nacional) hace goles, no podemos perder, NI EN LA NOCHE CERRADA, mi corazón se apoya en la red en la que golpearán los goles celestes, dé cada uno según sus posibilidades, que cada uno será un brinco colosal en millones de pechos que siguen la hazaña,QUE HACE LLOVER SOBRE JUSTOS E INJUSTOS, con fe, convencidos de que la magia, "*hasta siempre*", como cuando bailas, allá lejos, en el pasado o el futuro, pero no aquí sobre la escritura ¿que se desarrolla en el presente?, QUE HACE SOPLAR SOBRE VIVOS Y MUERTOS, ya Uruguay le ganó a Brasil 6-4 por penales en el Centenario con un público de 75.000 personas, *(¿qué eres?)*, LEVANTA TU MIRADA AL CIELO, empató Bengoechea a los 53', no es fácil vivir en el presente, a cada uno según su necesidad, a menudo se está muerto en el presente, -*siempre, siempre*, ES EL HABLA DEL AGUA Y DEL VIENTO, y sólo tú, estoy harto del tiempo, ***también podría ser japonés o javanés***, Marcelo Otero hizo el gol contra Colombia, trueque, sólo cuando se hizo pasado el presente es presente, ESCUCHA LA PALABRA,*(¿no sientes como si te estuviera tocando?)*, sólo cuando se hizo futuro el pasado puede ser presente, debe quedar escrito, ESCUCHA LAS PALABRAS, trueque indio, entenderán lo que este triunfo significa, la existencia en el tiempo, amarte es mi divisa, catorce veces campeones sudamericanos, indio, trueque, QUE NADA SIGNIFICAN, la existencia en el espacio, "*quiero santificar este acto prolongándolo*", las aves en rotación alrededor de la tierra, ¿NADA SIGNIFICAN?, Fernando Alves embaraja un penal contra Brasil, troca, *ahora que estás lejos*, todos los sueños del mundo, las nubes fotografiadas desde la estación orbital, del tiempo todo se bebe, nada hay nuevo bajo el sol, *ahora*, troco, esta caminata hasta la estación, *irrepetible*, en cada cosa un signo me hablaba, *lejos*, indio, sólo tú y yo y la ciudad como fondo, como en Maracaná, *(¿lejos?)*, allá tú, aquí yo, *de qué servirá al fin la vanidad*, obnubilados, obsidiana, lo nuevo que nace,

Una muchacha griega contra el viento algún día

CRUZ DEL SUR

I

La cabeza cuelga hacia el cielo, estrella perdida
entre constelaciones navegando.

Las corrientes le eran contrarias.
Quiero cantar:
yervas, juncos, alcatraces, cangrejos, dorados,
vallenas, grajaos, ánades.

(Hay almas que son pálido reflejo, que ya no
existen pero siguen brillando por la tierra
siglos después.)

De allí adelante hallaron aires temperantíssimos,
que era plazer grande el gusto de las mañanas,
que no faltava sino oír ruiseñores.

(Hay cabezas que han existido más, se han plantado
en otras cabezas, han hecho nido allí, van por el mundo
más tiempo.)

Pero ellos no traen armas ni las cognocen, porque
les amostré espadas y las tomaban por el filo y
se cortaban con ignorancia.

II

Tú que estás en en los cielos grises de la
pantalla de televisión, sé inflexible y
cruel con el lloriqueante que no se
atrevió a amarte de veras no pudo resistir
la visión de la pasión, sed de imágenes,
sino que cayó huyendo de la aldea donde
aparentemente nada sucede abandonando el
sindicato de pescadores en formación y
tu cuerpo que relucía en la penumbra de
tu casa pobre y junto al mar.

III

Rostros edificios grupos sótanos retratos galerías
alcázares violines puertas estaciones legumbres
árboles caminos ojos rampas juguetes albañiles niños
repetición muertos mentira américa cruz medallas.

Navegó su camino al Vueste o Güeste.

Mater inviolàta ora pro nobis mater puríssima
ora gallinas sol abrigos maíz ahogada mater café
planos mestizos alegría Badajoz mujeres puertas
quemas zanahorias asesinada cables nobis manías
diarios manos cruz la cruz + la cruz, que un brazo
es aire/ y el otro/ luz.

(Y en labios del grumete puse esta frase:
extranjero he sido fasta ahora.)

Del mar venía un perfume como de sirenas.

IV

¿Quién escribe sino las palabras que no hemos elegido
andan como por sí solas correo aéreo? Traducimos de
traducciones publicadas hace siglos. ¿Quién ha escrito
lo que escribo para ti? Tú has escrito en mí algo
que alguien –yo- escribe en ti en mí. Amasado dispersado
andrajoso resto que no miramos al pasar arrollado
en el tacho de desperdicios de estación.

(Hay en Barcelona una sombra sucia y una sobredosis
y un cuerpo que al alba encuentra la ambulancia en
la Calle del Hospital. Hay en Barcelona una sombra
de estatua sucia, ahumada.)

Diario casi no leído abandonado vida latente signos
ya nunca moribundos cáscara reciclaje traducción.

Un ojo aquí una nuca ayer un pie, todos tienen algo
de ti como el poema tiene algo de todos.

Has traducido lo que yo no quería escribir pero
garabateo para ti: fuente, misterio, motor de amor.

Porque iba apurado hacia algún sitio no podía
explicarme ese apuro hasta que descubrí que era hacia
ti centro. Dame imágenes.

Y tú escribías lo que yo escribía para ti de ti en ti
traducción. Tejido.

V

Este es el esquema de nuestra situación:

no es de nadie visión no es de nadie quisieron
ser vida y vida es todos. Diarios del día soplan
en viento trinan raspan. Pasión visión presente.

Barloventeando. Las mujeres traen por delante una
cosita de algodón. Pero ¿para quién serían
provocadoras estas niñas, si no existiesen los señores
que las encuentran provocativas?

Paxaritos, canela, nueces, peces, perlas, hombres
con hocico de perro. Yo estaba atento y trabajaba
de saber si avía oro.

(Lanzaban al aire los niños y los clavaban en sus
bayonetas. Todo delante de la madre que los parió.)

VI

Y ella me dijo; escribe lo que ves.

A las dos novias encontrándose, se abrazan
bajo una lluvia de fuego. La una sitia a la
otra, se resiste. Y el asma sigue matando a
una y los mosquitos y la lepra blanca. Y la
una hermana echaba fuego y plomo encendido
y la otra fallecía y se ahogaba en sangre.

Y me dijo: alza la vandera y haz un tiro de
lombarda que es señal de tierra.

Hambre de imágenes.

Y te vi tropezando entre los cardos. Y te besé.

Dijiste: yo no vine a este viaje para ganar
honra ni hazienda.

Y las dos novias se acariciaban desnudas en
la playa.

Y sólo faltavan los ruiseñores.

VII

Olor inmortal.

"Venid a ver los hombres que vinieron del cielo,
tredles de comer y de bever."

La cabeza cuelga hacia el cielo, en una terraza de
ladrillos pulidos, rojos, negros; frente a un mar
ancho y dulce. La cabeza es estrella, rota, gira,
ve el cielo fuera y el cielo dentro de la cabeza.
Ve estrellas que forman constelaciones, inventos.

(Estrella que veo ahora y que ha dejado de existir
hace siglos. ¿Ha dejado?)

VIII

Escribe lo que ves: turista americana puede
seducir a joven sindicalista su novia puede
irse caminando como varón por la playa
rectamente sin vacilar él murió. La nieve va
cayendo en la pantalla ya es sueño o insomnio.
Las corrientes le eran contrarias. Ella se
pierde punto diminuto entre el mar y las
rocas costa + costa + punto chico. La mar era
como un río, los aires dulces y suavísimos.

Ahora ahí empieza el parto de imágenes y
todo es como al principio al final.

Y ella dijo: ¡Nunca seremos felices! ¡Nunca!

Pero sé que sólo con tus ojos
vas a calentarme.

IX

Día negro. Esta noche creció el viento y las olas
eran espantables, relampagueó hacia el Nornordeste
tres vezes.

Quiero cantar, quiero cantar,
este alivio de no tener que ser original:
pajaritos, canela, insectos, maíz,
juncos, paracaidistas belgas.

Aislado en esta pena, enfermo, aguardando cada día
por la muerte y cercado de un cuento de salvajes,
se van acabando los míseros calmantes; hoy, después
de algo más de seis meses, me bañé.

Deseo del poema abrir hueco en muro.

Traduzcamos esto copiemos.

X

Dice el Almirante:

"Se cuenta una historia. Esa historia es mentira.
Alguien copia con su vida la historia que nunca
existió. La historia inexistente, entonces, comienza
a pasar del otro lado de su no-existencia,
de su irreparable mentira. Nunca será, esta historia,
parte o continuación de la otra, que nunca ha sido.

Con estas señales, respiraron y alegráronse todos.

Pero, esto es provisorio. Los propios muertos vivos
en el surco la pantalla la palabra la memoria, los
mismos muertos esperan traslado, mientras juegan
un juego cuyas reglas no adivinamos aún, con esos
ídolos que los visitan día tras día.

XI

Quiero cantar:

canela, pimienta, nueces, corazón,
fuente de vida.

Quítalos de mi sueño.

Tomate, vainilla, chocolate, frío,
el más poderoso, el invencible.

Ellos susurran cosas sin mirarse a los ojos.

Maíz, tabaco, papa, último suspiro,
encuentro con lo desconocido.

Entornan los párpados bajo un sol raquítico.

Cerdo, arroz, banano, caballo,
pasión ígnea, licuación, incendio.

XII

Siguió su camino al Vueste o Güeste, q´ es lo mismo.

Los vientos le eran favorables.

(Y el poema que quiere ser lo que nunca será: cuerpo.)

Las corrientes le eran contrarias.

12.30, hora en que una vieja, pastoreando sus chivas,
basurero de imágenes.

XIII

poesía tontina
poesía bálsamo
poesía ventana
poesía carne   poesía cocina   poesía luz
poesía pinta   poesía álamo   poesía sandia
poesía pasión   poesía sabana   poesía anestesia
poesía sangre   poesía nao   poesía cruz
poesía cinta   poesía límite   poesía alegría
poesía visión   poesía ánade   poesía amnesia
poesía dorao
poesía vértice
poesía diástole

La cabeza cuelga contra el cielo estrellado.

TANGO DEL OLFATO

Cada vez que respiro
el olor de los barrios de esta ciudá
mi alma o lo que va quedando de ella
afirma mi porfiada pertenencia
a un tiempo, a un espacio y a una gente.

Las madreselvas,
los aromos,
los jazmines
y el jacarandá.

No es una bandera o un himno lo que vibra en el aire,
no es un escudo lo que dirige al corazón:
son eucaliptos temblando en los parques.

La providencia con su enredo de hilos
fundó los goles de las victorias,
desparramó dialectos de Italia por tu español,
puso tus veredas a la miseria,
prohijó estas nostalgias
y también este instante.

Montevideo se abre al ancho río como mar.

En invierno un tango la estrangula.

Mas las muchachas
se ríen y huelen al viento de primavera, coquetas,
y los muchachos las olfatean de costado
y el trópico visita tus arenas.

No son una divisa, ni un nombre, ni un color,
sino ciertos aromas y vistas y sonidos los que
afirman mi porfiada pertenencia
a una gente, a un espacio y a un tiempo.

TANGO DE LA CALMA

Pero aquí hay silencio
y ya todo está en calma.

En casi todas partes
se discute, se duerme,
se canta, se camina,
se ama, se conversa,
se nace y se ríe.
Y también alguien muere.

Pero aquí, está la calma.

En el patio trasero
se frotan unas chapas.
Un humo discretísimo
flota en el aire, pero.
Sólo se oye el rasgueo
de rumores lejanos:
demasiado lejanos.

Porque aquí hay silencio,
y aquí está todo en calma.

TANGO PARA UNA POETA ORIENTAL

El tango embalsamado que aquí yace
erótico se puso, nos pusimos
a leer tus cuchillos alineados.
Bailamos sin cesar. Tu pecho terso
no tenía versos: tenía cardenales
dejados por mis dientes y mis labios.
En la penumbra susurró Magaldi.
Sola y sola y hundida
en memorias de otros locos placeres,
masoca y siempre mala,
machihembrada a la otra,
la poeta.
De mármol o de hueso tu silueta
como finada ya, callaste sola
en tu sillón, anciana o niña,
y fundida en el tiempo,
adherida al poema que aún nos guía
-tu berretín tan mudo como enigma-,
en la penumbra vaga te borraste.

TANGO DE LOS ABRAZOS

Los abrazos de despedida, de bautismo, de gol,
de casamiento, de velorio, de encuentro,
son carne mas deniegan la carne,
son cuerpo mas viven incorpóreos.

TANGO DE LA ESPERA

Hoy, como siempre, llegarás muy tarde.
De noche y en invierno.
Me costará creerlo.

Llamarás, buscarás.

Tu voz entre otras voces.

Y, como siempre, ladrarán los perros.
Por nada, porque sí, por las ganas
de embromar la paciencia.

Yo te estaré esperando.

Estaré en otra cosa.
Olvidado, tal vez.
Metido en otra historia.
Mas, te esperaré esperando.

Montevideo estará
con su olor amueblada
y sus baldosas flojas
jodiéndonos la vida,
matándonos, enfriándonos.

Pero bajo nosotros,
pero sobre nosotros,
pero ya en nosotros,
querida ciudad nuestra,
desdentada ciudad,
oriental y oriental.

Yo sé que estás viviendo.
Siempre estarás viviendo.
Y yo estaré esperando
como ahora te espero.

MACCHU PICHU, 1984

Andar y andar
subir y bajar
por autopistas para el pie
de los viandantes
trotar y trotar
con veinte quilos a la espalda
días y días
dormir en carpa húmeda
hacinados
el aliento faltando
resoplando
mascando hoja de coca
comiendo poco
hasta llegar
con mi pasito inca
a la increíble
ciudad abandonada
entre las nubes.

PAISAJE DEL CABO POLONIO

La vaca tropezó con una piedra.

Pero esto no tiene ningún significado.

¡El viento Norte viene soplando mucho!

Pero no tiene ningún significado.

Ayer llovió un poco a medianoche.

Y esto no tiene ningún significado.

Los caballos pastan.

Y no tiene ningún significado.

La vaca quiere subir la cuesta de pasto y se demora, avanza, gira, puede veniiiiiir, y

dice *MUUUUUUUUUUUUUUUUUU*

Y entonces viene el viento del cerro y hace *FFFFFFFFFFFFFFFFFF*

Y viene la lluvia del mar y hace *SHHHHHHHHHHHHHHHHHH*

Entra un caballero provisto de todos sus detalles.

¡Que no tiene ningún significado!

Y una señorita con todas las de la ley.

Tampoco encuentra significado.

Y un hermoso muchacho de cabellos rizados.

Significado nulo.

Y un niño que juega con un trompo.

Y el aire tibio de la tarde hace zumbar los árboles del prado.

Y la madre lo espera con la leche caliente a la mesa.

Y él trae a la niña vecina que tiene pelo rojo y la abraza.
Ella tiene pelo rojo.
Y su aliento es delicioso.
Y huele sus bragas.
Y el olor de su orina es el mejor de los perfumes de Oriente.
Y la abraza.
Y la abraza.
Y la abraza.

El díiiiiiiiiiiiiiiía que me quieras.

Sin que tenga todo esto ningún significado.

Y viene el viento de la noche de la costa y hace *FFFFFFFFFFFFFFFFFFFFF*

Y llega la lluvia de la noche y hace *SHHHHHHHHHHHHHHHHHH*

Y la vaca duerme en la noche echada silenciosa como vaca en la noche.

Y navega echada como si el Cabo Polonio fuese una nave.

¡Qué vaca tan marinera!

Se parece al vigía de Cristóforo Colombo.

Se parece a mi niño enamoradizo y caliente.

Se parece a un timonel parado.

Y el negro cielo negro de la noche negra la cubre a la vaca negra como si le brindase un manto de Reina.

Un manto de Reina. de Emperatriz.

Vaca Reina, Reinavaca.

¿Qué sé yo?

Vaquita mía, reposa.

Porque tú eres

la única Rosa.

Y no tiene ningún significado.

DESPUÉS

Después de todas las palabras
que llegan en ondas arenosas,
en fricción de olas ásperas
trituradas por el mar de febrero;
después de todas las gritadas
en callejones o senderos
o avenidas manchadas de consignas
o malecones rengos; después
de las garabateadas y fumadas
en papel arrugado de envoltorio;
después, después, después
llegarán más, escritas, electrónicas,
fijadas
en el disco duro del corazón: después
de todo el bullshit, todo el resto
de naufragio, después
de la resaca de los días, después
del viento, el aguacero, después
de la pasión reseca;

después llega la vida,

corrección:
el arcoiris de la lagartija,
el alcatraz con su rasante vuelo,
la rueda de dorado,
la sandía madura,
el corazón alegre,
el sol reinando al centro,
las muchachas salvajes,
un niño en su misterio,
la esperanza,
el mundo que quisimos:
lo posible.

(Choroní, Venezuela, 2007)

Roberto Mascaró es poeta y traductor, nacido en Montevideo, Uruguay, el 12 de diciembre de 1948 al mediodía. Sagitariano. Ante todo manya, carbonero, es decir hincha del glorioso Club Atlético Peñarol. Llega a Suecia – donde reside con interrupciones desde 1978- como refugiado político de la dictadura militar que asoló a su país (1973-1985) con desapariciones, torturas y otros crímenes de lesa humanidad. Recibe el Premio de la Ciudad de Estocolmo en 1886; el Premio Internacional de Poesía Ciudad de Medellín, en 2002; el Premio del Fondo de Escritores de Suecia, en 2004. Estudios de Literatura y Estética en las universidades de Estocolmo, Uppsala y Lund. Actual organizador del anual Encuentro de Poesía –Poesimöte Malmö – desde 1998. Autor de los libros, en base a los cuales se hace esta antología, estacionario (1983); Chatarra/Campos (1984); Asombros de la Nieve (1984); Chatarra/ Campos (1984); Mar, escobas (1987); Cruz del Sur (1987); Gueto (1991); Campo Abierto (1998); Campo de Fuego (2000); Montevideo cruel- tangos (2003); Un río de pájaros (2004); Viendo caer la lluvia de una ventana azul (antología, Alcaldía de Tegucigalpa, 2011); Nómade Apátrida (Catapulta, Bogotá, 2012)

Ha traducido del sueco al español la obra completa del Premio Nobel de Literatura 2011 Tomas Tranströmer, obras de Göran Sonnevi, August Strindberg,Edith Södergran y Öyvind Fahlström, entre otros. Su poesía ha sido traducida al sueco.

·